QUELQUES RENSEIGNEMENTS

SUR

L'OSSUAIRE DES BOURGUIGNONS

A MORAT

Par Charles AUBERTIN.

BEAUNE

IMPRIMERIE ARTHUR BATAULT, ÉDITEUR

1882

QUELQUES RENSEIGNEMENTS

L'OSSUAIRE DES BOURGUIGNONS
A MORAT

*Lettre à M. Eug. Beauvois, de la Société des
Antiquaires de France, etc.*

Monsieur et très honoré collègue,

En ouvrant certains livres d'histoire et de
géographie (1), où il est parlé de la défaite des
troupes de Charles le Téméraire à Morat, beaucoup d'entre nous ont lu et seraient en mesure
de relire, encore que les Suisses construisirent
« une » ou « deux pyramides des ossements des
Bourguignons, » sur le théâtre même du combat.

----

(1) V. entre autres, *Dictionnaire géographique* de Vos-
gien, nouv. édit., par J.-B. Goigoux, Paris, 1826, p. 383,

4

Répétée par plusieurs écrivains, — copistes les uns des autres, — cette allégation a eu pour résultat d'élever presque à la hauteur d'un fait historique et archéologique une erreur matérielle qu'il eût été pourtant si aisé de réduire à néant, — et cela à l'aide des moindres recherches.

En ce qui touche à cette question d' « ossuaire » et de « pyramides, » déjà traitée par moi, trop superficiellement peut-être, dans des articles de journaux (1), je crois être en mesure, à la suite de nouvelles études, de vous dire la vérité, toute la vérité, rien que la vérité. Je ne saurais mieux exprimer ma pensée qu'en annon-

où il est dit : « A peu de distance de Morat, on voyait « *deux* grandes pyramides formées des os des Bourgui- « gnons. » — *Histoire du Moyen-Age et des temps moder-* *nes,* par Dauban, p. 229 : « *Une* pyramide fut construite « des ossements des Bourguignons avec une inscription « commémorative de leur défaite.. »

Dans la *Nouvelle Géographie méthodique,* par MM. Meissas et Michelot, ouvrage adopté par l'Université, 26° édition, Paris, 1827, on lit : « Morat (1,300 hab.), sur le lac « de Morat, près de celui de Neufchâtel ; Charles le Té- « méraire y fut défait, en 1476, par les Suisses qui for- « mèrent deux pyramides avec les os des Bourguignons. » La même chose se retrouve dans l'*Abrégé de Géographie* *commerciale et physique, etc., etc.,* par F. P. B., ouvrage adopté par le Conseil de l'Instruction publique, 29° édition, Paris et Tours, 1859.

(1) V. *Bien Public,* Dijon ; *Décentralisateur,* Toulouse, 1881 et 1882.

çant que ce travail, de bonne foi, et rendu aussi complet qu'il m'a été possible, ressemblera à une déposition de témoin devant la justice.

Trois jours après le sanglant combat du 22 juin 1476, les Confédérés, établis en maîtres sur le champ de bataille, s'occupèrent d'enterrer les morts. Chaque commune et chaque particulier durent inhumer ceux gisant sur leurs terres. Les chroniqueurs helvétiens rapportent que, du côté des Bourguignons, le nombre des tués atteignit 10,000, d'après une constatation officielle, abstraction faite des fuyards qui se noyèrent dans le lac. Philippe de Commines invoque le témoignage du seigneur de Contay, qui évaluait à 8,000 les morts du parti de Charles le Téméraire (1). On sait, du reste, qu'ils n'étaient pas tous Bourguignons ; qu'il y avait parmi eux des gens du Hainaut, de la Gueldre et d'autres provinces des Pays-Bas, même des Suisses, qui combattaient avec le comte de Romont, suzerain de Morat (2). On creusa d'immenses fosses et on y jeta les cadavres, qui furent recouverts de chaux vive. Au bout de quatre ans, on réunit tous les ossements dans un petit édifice, élevé pour cette destina-

(1) V. *Mémoires*, liv. V, ch. 3.
(2) V. Olivier de la Marche, *Mémoires*, liv. II, ch. 6.

tion spéciale sur le lieu même où l'engagement avait été le plus meurtrier (1).

L'édifice, en forme de carré long, reposait sur des espèces d'arcades et était surmonté d'un toit à quatre versants, orné de deux petites girouettes échancrées. On le désignait, en Suisse, sous le nom de l'OSSUAIRE DES BOURGUIGNONS. Des gravures et des croquis (2) en ont été conservés avec soin dans le pays et ailleurs. Comme on le voit, il ne s'agissait pas là d'une agglomération de débris de squelettes exposés à toutes chances de profanation et de destruction, mais bien d'une chapelle funéraire, — rien de plus, rien de moins. Un document tout local, le *Récès de Berne*, affirmerait d'une manière irréfutable, même à défaut d'autres preuves, l'idée d'une destination religieuse de la part des vainqueurs: en 1491, ils y attachèrent un ermite et une fondation pour des messes de morts (3).

Au fronton de la chapelle, une plaque de

---

(1) V. pour plus de détails, GUERRE DE BOURGOGNE. *Batailles de Grandson et de Morat*. Simple récit accompagné de Notes et de quelques Lettres intéressantes et peu connues du duc Charles le Téméraire, par le colonel Perrier, de Fribourg, ancien colonel fédéral. Fribourg, 1876.

(2) M. le vicomte de Vergnette, président de la Société d'histoire et d'archéologie de l'arrondissement de Beaune, en possède un, qui fut l'œuvre de M. son père, lors d'un voyage en Suisse, en 1797.

(3) V. colonel Perrier, ouvrage déjà cité p. 72.

bronze, gravée en 1561 par Meister Peter, de Berne, portait l'inscription assez généralement connue, pour avoir été souvent reproduite :

D. O. M.

CAROLI INCLYTI ET FORTISSIMI

BVRGVNDIÆ DVCIS EXERCITVS

MORATVM OBSIDENS

AB HELVETIIS CÆSVS

HOC SVI MONVMENTVM RELIQVIT

ANNO MCCCCLXXVI

« A Dieu très bon et très grand. L'armée du « célèbre et très vaillant duc de Bourgogne « Charles, assiégeant Morat, taillée en pièces « par les Suisses, n'a laissé d'elle que ce mo- « nument. »

En 1755, on profita de quelques réparations pour ajouter à la première légende les vers suivants du grand poète Haller, inscrits en lettres d'or sur marbre noir :

Steh still, Helvetier ! hier liegt das kühne Heer
Vor welchem Lüttlich fiel und der Frankreich's Thron
(erbebte.
Nicht unserer Ahnen Zahl, nicht künstliches Gewehr
Die Eintracht schlug den Feind, die ihren Arm belebte.
Lernt, Brüder, exe Macht, sie liegt in eurer Treu
O ! wurde sie noch iezt, bei iedem Leser neu !

« Arrête, Helvétien! ci-gît l'armée valeureuse « qui fit tomber Liège et trembler le trône de « France. Ce ne fut ni le nombre de vos aïeux,

« ni la perfection de leurs armes, mais la con-
« corde, dirigeant leurs bras, qui a vaincu l'en-
« nemi. Frères, apprenez le secret de votre
« force ; il est dans votre fidélité. Puisse-t-elle
« revivre dans le cœur de chaque lecteur. »

Le funèbre asile des Bourguignons eut une
durée de plus de trois siècles. Lorsque les ar-
mées françaises pénétrèrent en Suisse, la 75ᵉ
demi-brigade, formée en grande partie des bataillons de la Côte-d'Or et de Saône-et-Loire (1),
ne laissa pas pierre sur pierre du vieil édifice et
dispersa les ossements, qu'il eût mieux valu
confier à la terre avec les honneurs militaires.
« Ce monument, dit M. Henri Martin, qui n'eût
« dû inspirer à des républicains que respect et
« sympathie, a été détruit par des régiments
« français, composés de soldats bourguignons,
« dont le patriotisme peu éclairé vit une offense
« dans ce souvenir (2). » Ceci se passa le 3 mars
1798. Le *Moniteur officiel du Directoire de la Ré-
publique Française* commet une erreur en an-
nonçant que cette destruction eut lieu le 22 juin,
jour anniversaire de la bataille.

La plaque métallique avec l'inscription pri-

---

(1) Ce corps était sous les ordres du général Daumas
(Marie-Guillaume), né à Cuisery (Saône-et-Loire), en 1763.
Son fils, le général Daumas (Joseph-Eugène), l'une de nos
illustrations africaines, est mort en 1871.

(2) V. P. Larousse, *Grand Dictionnaire universel du
XIXᵉ siècle*, vᵒ MORAT.

mitive en langue latine fut conservée et envoyée
à Paris, où elle est visible à la Bibliothèque na-
tionale. Ces années dernières, le Gouvernement
français en a envoyé la reproduction en galva-
noplastie à l'Etat fribourgeois.

En 1797, Bonaparte passait par Morat pour se
rendre au congrès de Rastadt. Il descendit de
voiture près de l'ossuaire, examina le champ
de bataille, et pinçant l'oreille du jeune officier
de la garde d'honneur, envoyée à sa rencontre :
« Rappelez-vous, jeune capitaine, dit-il, que si
« jamais nous livrons bataille en ces lieux, nous
« ne prendrons pas le lac pour retraite (1)! »

En 1816, lord Byron parcourut longtemps, en
silence et plongé dans une méditation profonde,
ce terrain fameux. Il recueillit, à prix d'or, quelques vieux ossements, auxquels il dédia les
strophes suivantes :

LXII

« .... Au-dessus de ma tête s'élèvent les Al-
« pes, palais de la Nature, dont les vastes murs
« cachent dans les nues leurs têtes neigeuses ;
« là, trône l'Eternité, sous des lambris de gla-

---

(1) V. colonel Perrier, ouv. déjà cité, p. 75. — Le même
intéressant document se trouve apd. *Dictionnaire géographique et statistique de la Suisse*, par Marc Lutz, nouvelle édition refondue et augmentée par A. de Sprecher,
traduite de l'allemand, revue pour ce qui concerne la Suisse romande, par J.-L. Moratel, t. II. Lausanne, 1847.

« ces, séjour sublime et froid où se forme l'ava-
« lanche, cette foudre de neige. Tout ce qui
« agrandit l'âme et l'effraie, tout ensemble est
« réuni autour de ces sommets, comme si la
« terre voulait montrer qu'elle peut s'approcher
« du ciel et laisser en bas l'homme superbe.

LXIII

« Mais, avant d'oser mesurer ces hauteurs
« sans égales, il est un lieu qui mérite notre at-
« tention ; c'est Morat ! le noble et patriotique
« champ de bataille ! Là, l'homme peut contem-
« pler les horribles trophées du carnage, sans
« avoir à rougir pour ceux qui ont vaincu dans
« cette plaine. Ici, la Bourgogne laissa une ar-
« mée sans sépulture, monceau d'ossements qui
« vivront d'âge en âge, se servant eux-mêmes
« de monument ; les ombres de ces guerriers,
« privés des honneurs de la tombe, errent sur
« les bords du Styx, qu'elles font retentir de
« leurs gémissements.

LXIV

« De même que Waterloo rivalisera avec la
« sanglante défaite de Cannes, Morat et Mara-
« thon verront réunir leurs noms jumeaux ; vic-
« toires sans tache, avouées par la véritable
« gloire, remportées par des cœurs et des bras
« sans ambition, par une vaillante légion de ci-
« toyens et de frères, et non par des soldats
« mercenaires, esclaves de la corruption, ven-

« dant leurs épées au service des princes; ceux-
« là n'obligèrent aucun peuple à gémir sur ces
« lois blasphématoires et draconiennes que
« proclame le droit divin des rois. »

La note suivante accompagne ces vers :

« La chapelle est détruite et la pyramide
« des ossements a été beaucoup diminuée par la
« légion bourguignonne, au service de la Fran-
« ce (1),qui avait à cœur d'effacer ce monument
« des invasions moins heureuses de ses ancêtres.
« Il en reste encore, malgré tous les soins des
« Bourguignons, depuis des siècles (tous ceux
« qui passaient par là en emportaient dans leur
« pays), et malgré les larcins moins excusables
« des postillons suisses, qui en prenaient pour
« les vendre ou en faisaient des manches de cou-
« teaux (2), car la blancheur que leur avaient
« donnée les siècles les faisait rechercher pour
« cet usage. Je me suis permis d'en emporter
« de quoi faire à peu près le quart d'un héros.

---

(1) Lord Byron prenait vraisemblablement les bataillons de la Côte-d'Or pour une légion étrangère.

(2) Voici ce que dit le *Grand Dictionnaire géographique et critique* de Lamartinière, 1741 :
« A un quart de lieue de Morat, on voit sur le grand
« chemin d'Avenches une chapelle remplie d'ossements
« de Bourguignons... Cette chapelle a une large ouverture
« formée d'une grosse grille en bois : elle était autrefois
« toute pleine, mais le nombre des ossements est bien di-
« minué : plusieurs Bourguignons en prennent comme
« des reliques qu'ils emportent chez eux et des personnes
« du pays en vont chercher pour faire des remèdes. »

« Ma seule excuse pour ce larcin, c'est que, si
« je ne l'avais pas commis, d'autres l'auraient
« fait et auraient employé ces reliques à des
« usages profanes, tandis que moi je les conser-
« verai précieusement (1). »

En 1821, le Grand Conseil de Fribourg érigea,
sur l'emplacement de l'ossuaire, un obélisque
de 36 pieds de haut, en marbre, posé sur trois
marches, et décoré de cette inscription, composée par un membre de la compagnie de Jésus,
le R. P. Girard :

VICTORIAM XXII IVN. MCCCCLXXVI
PATRVM CONCORDIA PARTAM
NOVO SIGNAT LAPIDE
RESPVBLICA FRIBVRGENSIS
MDCCCXXI

Des médailles d'argent et de bronze, repré-
sentant d'un côté l'ossuaire et de l'autre l'obélisque, furent frappées en même temps, à titre
commémoratif. Au-dessus de la gravure de
l'ossuaire est reproduite l'inscription latine de
1561 et au bas on lit ces mots : OSSUARIUM DE CLA-
DE BURGUND. AD MURATUM DIRUERUNT GALLI III
MART. 1798 ; au bas de l'obélisque : NOVUM MURA-
TENSIS PUGNÆ MONUMENTUM EREXIT RESP. FRIBURG.
1821.

_____

(1) Traduction de Benjamin Laroche.

Ces renseignements fournis, reste à traiter la question principale: Comment se rendre compte de ce qu'un document aussi radicalement faux que celui de l'existence d' « une » ou de « deux pyramides d'ossements , » substituée à celle d' « une chapelle funéraire, » ait pu passer à l'état de fait, de manière à être adopté par des historiens d'incontestable mérite ?

Sur ce point, les investigations, poussées un peu partout, n'ont abouti à rien. En désespoir de cause, on en est réduit à l'hypothèse d'une erreur de copiste, et dans le but de démontrer qu'une semblable conjecture n'a rien de trop hasardé, deux ou trois lignes d'explication sont nécessaires: Tous ceux qui ont eu entre les mains un lexique allemand ont appris, pour ne plus l'oublier, qu'en cette langue *Haus* signifie maison, et *Haufen* — *Haufe* autrefois, — tas, monceau ; qu'os, ossement, s'exprime par *Bein*, d'où le composé fort connu *Beinhaus*, ossuaire. Un Français, peu exercé à la lecture des vieux textes allemands en écriture cursive, aura lu et transcrit *Beinhauf* pour *Beinhaus*, faute aussi compréhensible qu'excusable, à raison du degré de similitude des lettres *f* et *s*. Une fois *Beinhauf* admis, et le mot *Haufen* cherché et trouvé, cette désinence *en* aura été prise pour la marque du pluriel ; c'est ce qui aura fait croire à deux monceaux. L'imagination n'aura pas tardé à se mettre de la partie, et il devait en être ainsi à l'endroit d'un fait de guerre de nature à laisser, non-seulement dans un pays, mais dans deux nationalités voisines, des souvenirs ineffaçables, tracés en caractères de sang! La présence d'une masse de débris humains sur le champ du carnage une fois propagée par des écrits, l'idée de leur assemblage en pyramides se sera offerte tout naturellement à l'esprit; la construction de ces barbares et hideux trophées aura paru le corollaire du proverbe : *Cruel comme à Morat.* Enfin, est-il besoin de rappeler à quoi se bornaient, en des temps encore peu éloignés de nous, le contrôle et la critique historiques? Ajoutons que, si plusieurs écrivains s'étaient laissé prendre à la fable des « pyramides, » notre Courtépée ne s'était point rendu leur écho (1).

En revenant à la note où lord Byron rappelle que « la chapelle est détruite et que la pyra- « mide des ossements a été beaucoup diminuée « par la légion bourguignonne au service de la « France, » on comprend de prime abord que l'illustre voyageur croyait fermement, sur la foi des légendes, à l'existence de monuments

---

(1) Au siècle dernier, Moréri et, ainsi que nous l'avons vu, Lamartinière signalaient l' « ossuaire », mais gardaient un silence absolu sur les « pyramides. » De nos jours, les grandes publications, telles que celles de Bouillet, P. Larousse, Malte-Brun, Bescherelle, le *Dictionnaire de la Conversation,* etc., etc., ont suivi cet exemple.

dignes des Sauvages océaniens. Qu'il ait aperçu des restes humains sur l'emplacement de l'ancienne chapelle, cette découverte ne pouvait manquer d'avoir lieu : l'ossuaire, outre les fragments de squelettes étagés le long des murs, de la base au sommet, de même que dans les catacombes parisiennes ; l'ossuaire, disons-nous, contenait nécessairement sous son pavé une fosse profonde, où nombre d'ossements dûrent être entassés. L'édifice rasé, les substructions enserraient encore ce dépôt funèbre, il était visible à fleur de terre ; la forme de la fosse, encore circonscrite par la maçonnerie, a été prise pour la base de la pyramide. Il faut encore remarquer qu'en fait de pyramides, lord Byron n'en signale pas deux, mais une seule.

En résumé, notre conclusion est que l'auteur immortel des strophes qu'on a lues, arriva sur le champ de bataille helvétique avec une idée préconçue, et qu'il croyait de la meilleure foi à une légende inventée et vulgarisée bien avant lui, et qui, on en conviendra, n'a pas cessé de faire un beau chemin, imprimée et réimprimée qu'elle a été dans des ouvrages classiques, parvenus à leur vingt-sixième et vingt-neuvième édition (1).

Quelques ossements bourguignons, déposés

---

(1) V. Notes annexées à la première page.

au musée de Morat, à côté d'armes contempo-
raines(1), y rappellent le terrible combat où vainqueurs et vaincus déployèrent une égale vail-
lance.

Agréez, etc., etc...

CHARLES AUBERTIN,

Ex-conservateur du Musée archéologique de Beaune.

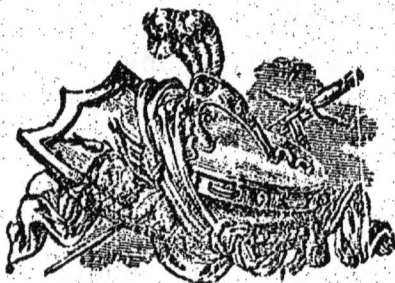

---

(1) V. *Recherches sur les Drapeaux de l'ancienne pro-
vince de Bourgogne*, notice MORAT, composée sur les sa-
vantes indications de M. Max de Techtermann, membre
de la Société d'histoire et d'archéologie de Fribourg.

BEAUNE. — IMP. ARTH. BATAULT.